AF320809

NOTE

———————

On n'a pas oublié que lorsque la Convention voulut juger Louis XVI, Péthion et ses complices excitaient le peuple à demander sa mort, en lui persuadant que le 10 août, Louis XVI avait donné lui-même et signé l'ordre de tirer sur le peuple ; la vérité est que pendant la nuit qui a immédiatement précédé l'attaque, il avait été signé par Péthion, maire, et par deux municipaux, une réquisition à la force armée composée de Gardes nationales, et de Suisses comme auxiliaires de la Garde, portant *Ordre de repousser la force par la force*, DE FAIRE RESPECTER *par la force des armes, la tranquillité* DU ROI, *et son inviolabilité, conformément à la Constitution jurée;*

Le Roi et ses Ministres avaient insisté sur cette formalité, pour que les Gardes nationales chancelantes fussent décidées par un ordre légal de leurs chefs constitutionnels ;

M. de la Rochefoucault, président du Département, et deux membres commissaires venus *ad hoc*, avaient confirmé et signé l'ordre ;

Le Roi n'avait rien signé, parce que, lors du licentiement de la Garde Royale, il avait été convenu qu'il n'aurait point d'autre garde que la Garde nationale, responsable,

2 *

et que les Suisses ne seraient que ses auxiliaires :

On s'était attaché à cette forme, parce que
l'Assemblée législative en permanence, qui
avait refusé d'envoyer une députation, n'at-
tendait qu'un prétexte pour appuyer les
conspirateurs assaillans par un décret quel-
conque ;

M. d'Aubier avait lu et tenu cet ordre, et
avait concouru à sa notification aux troupes ;
il était de sa connaissance que c'était pour
ôter cet ordre à Mandat, commandant de
la Garde nationale, qu'on l'avait fait assas-
siner, à l'hôtel-de-ville, où il allait requérir
une augmentation de forces au château.

M. d'Aubier se trouvant le 10 décembre
1792 à Dusseldorf, espéra que s'il pouvait
arriver à la barre, il confondrait Péthion,
et qu'il y pourrait faire appeler d'autres té-
moins à qui il croyait même dévouement ;
enfin, qu'il pourrait soutenir à la barre que
c'était les accusateurs du Roi qui devaient
être les véritables accusés, si l'ordre était
supposé coupable envers la nation ; la ques-
tion eût été jugée par tous autres que les
cannibales qui se disaient Convention *omni-
potente*, pour refuser l'appel au Peuple Français.

Pour parvenir à être entendu par le peuple de Paris, M. d'Aubier fut, le 12 décembre 1792, avec un parlementaire Palatin, pays alors neutre, se présenter sur la rive droite de la petite rivière de la Roor, en face du poste occupé sur la gauche par les Français, il remit à l'officier, sa réquisition d'être reçu prisonnier *civil* et transféré à la barre de la Convention, pour y faire des déclarations.

L'officier l'envoya à Dumourier, alors à Liége, distant de 15 à 20 lieues.

Voici sa réponse, toute de sa main, et signée :

Liége, le 16 décembre 1792.

Je n'ai point qualité, Monsieur, pour accepter votre offre de vous constituer prisonnier civil, et pour déférer à la réquisition de vous faire transférer à Paris, jointe à la lettre que vient de me remettre l'estafette que vous m'avez expédié de Dusseldorf; c'est chose étrangère aux opérations militaires dont je suis chargé : elle regarde les agens civils, ou les agens diplomatiques de la République ; d'ailleurs je doute du succès de votre démarche, qui prouve votre sensibilité, et vous donne des droits à mon estime.

Signé le Général DUMOURIER.

L'officier français de garde sur la Roor, ajouta verbalement au petit mot qui termine la réponse de Dumourier, qu'il allait partir pour Paris, tâter le terrein ; qu'il désirait sauver la vie à Louis XVI.

Selon le conseil de Dumourier, M. d'Aubier envoya par le chevalier de Cologne, agent diplomatique de quelques princes neutres, même réquisition à un représentant français, et à l'ambassade de France à Lahaye ; sur le retard de celle-ci à répondre, M. d'Aubier ne pouvant quitter Dusseldorf, où il avait annoncé se consigner jusqu'à réponse, (pour qu'on fût sûr de le trouver), chez le baron Norbert, commissaire palatin, envoya son fils aîné presser la réponse.

Voici cette réponse :

Lahaye, le 1er. janvier 1793, l'an 2e. de la République française,

Je n'ai reçu, Monsieur, que le 5 de ce mois, votre déclaration du 14 décembre, que vous prétendez favorable à Louis Capet. Je l'ai adressée au citoyen Lebrun, ministre des affaires étrangères.

Le premier secrétaire de la légation

française en Hollande, chargé d'affaires par intérim,

Signé THAINVILLE.

Au bas est écrit : *A M. Emmanuel Aubier, à Dusseldorf.*

Le même courrier qui porta à M. d'Aubier l'affreuse nouvelle du martyre de Louis XVI, lui porta la réponse suivante à la lettre qu'il avait fait parvenir à M. de Malesherbes pour le prier de chercher les moyens de le faire arriver à la barre de la Convention.

Elle est timbrée du bureau de poste de Paris ; il y a en tête, *par duplicata,* et au bas la signature de *Malesherbes.*

Paris, 12 janvier 1793.

J'ai reçu, Monsieur, votre lettre du 17 décembre ; je ne puis que vous en accuser réception.

Je puis seulement vous dire qu'elle est arrivée dans le temps où un des gens que vous aimez le plus et qui vous estiment le plus, me dit qu'il était très-inquiet de vous, parce qu'il ne savait ce que vous êtes devenu depuis le 10 août, et qu'il tremblait que vous n'eussiez été une des victimes des grands massacres ;

cet homme s'adressa à moi, parce qu'il pen-
sait que dans les recherches que je ferais au
sujet de l'affaire dont je suis chargé, je pour-
rais entendre parler de vous ; je l'ai rassuré
en lui lisant votre lettre, et après l'avoir lue,
il a EXIGÉ *de moi que je vous mandât qu'il*
vous CONJURE *de ne pas vous compromettre;*
on rejeterait votre témoignage comme celui
d'un homme à qui son attachement ne per-
met pas d'être impartial. Je m'acquitte de la
commission que m'a donnée votre ami (1)*,*
sans vous donner en mon nom aucun
conseil (2) *: cela ne m'est pas permis avec*
la fonction dont je suis chargé.

J'ai l'honneur d'être, Monsieur, votre
très-humble et obéissant serviteur.

Signé MALESHERBES.

Au bas est écrit : *A M. Aubier, ci-devant Officier de la*
Chambre du Roi des Français, à Dusseldorf.

---

(1) Expression précédemment et prudemment pres-
crite par M. de Malesherbes pour éviter de nommer
le Roi dans des lettres qui pouvaient être interceptées,
surtout celle ci venant par la poste.

(2) M. de Malesherbes, défenseur du Roi, ne pouvait pas donner de conseils à celui qui pouvait et aurait dû être appelé en témoignage.

Un autre duplicata de cette lettre, également signé de M. de Malesherbes, avait été remis par d'autres voies au Roi de Prusse, qui écrivit à M. d'Aubier la lettre suivante :

Monsieur d'Aubier. Des sentimens pareils à ceux dont vous avez fait foi envers l'infortuné monarque que vous avez servi, sont toujours sûrs de mon estime. Les personnes qu'il honora de la sienne y ont d'ailleurs, par cela même, des titres chers à mon cœur, et chaque fois que je puis récompenser en elles les services que Louis XVI ne peut acquitter, je crois offrir un dernier tribut à la mémoire de ce souverain respectable et malheureux. Je vous donne ma clef de chambellan ; je vous la donne comme un gage du tendre souvenir que je conserve à votre maître, et j'y joins, sur la caisse de la Cour, une pension de six cents écus, pour, qu'à l'abri de l'infortune qui poursuit les compagnons de votre exil, vous puissiez consacrer des jours plus tranquilles à sa mémoire et à celle de ses vertus, de ses bienfaits et de ses malheurs. J'ai donné ordre à mon ministère à Berlin, de vous expédier le diplome de chambellan, sans qu'il vous en coûte les frais ordinaires, et prie Dieu, Monsieur d'Aubier, qu'il vous ait en sa sainte et digne garde.

Francfort, le 15 mars 1793.

Signé FRÉDÉRIC GUILLAUME.

Au bas : *Au Sieur d'Aubier, ancien Gentilhomme de feu S. M. le Roi de France, à Francfort.*

M. d'Aubier répondit que la faveur dont S. M. daignait l'honorer, et les sentimens qu'elle y exprimait pour Louis XVI lui paraissant l'autoriser à continuer d'être auprès d'elle le solliciteur des droits légitimes de Louis XVII, et des intérêts de toute sa Famille, il allait demander à *Monsieur*, Régent de France, la permission d'accepter ;

S. A. R., aujourd'hui Louis XVIII, daigna la lui accorder, par une lettre de sa main, où elle parle en termes si flatteurs pour M. d'Aubier, *des preuves de son dévouement,* qu'il y aurait trop d'amour-propre de sa part à se permettre de transcrire ici ses expressions.

Louis XVII ayant été proclamé Roi à Toulon, M. d'Aubier demanda au Roi de Prusse d'aller l'y servir. S. M. daigna y répondre :

Monsieur le Baron d'Aubier. Je suis bien loin de refuser mon aveu au généreux dessein que vous avez formé d'aller à Toulon, consacrer vos services à la grande et belle cause dont les revers vous ont éloigné de votre patrie. mon estime et mes vœux vous accompagneront dans cette honorable entreprise, et quelque plaisir que j'eusse à vous revoir, je ne puis consentir qu'un détour aussi considérable que celui que vous occasionnerait le voyage de Berlin, retarde le moment qui rendra aux intérêts de l'infortunée famille de vos Rois, un serviteur si estimable et si zélé. J'ai craint seulement que des embarras, inévitables pour les braves Français qui ont sacrifié leur fortune à leurs devoirs, ne vous présentassent sur la longue route qui vous reste à faire jusqu'à Toulon, de nouveaux obstacles, et c'est dans l'espoir de vous les épargner que je joins ici une assignation de cent frédérics d'or, que vous toucherez à Clèves. C'était l'endroit le plus voisin de votre séjour actuel où je pouvais commodément vous la faire parvenir. En vous répétant l'assurance de mon suffrage et de mes sentimens , je prie Dieu, Monsieur le Baron d'Aubier , qu'il vous ait en sa sainte et digne garde.

Postdam, le 23 novembre 1793.

Signé FRÉDÉRIC GUILLAUME.

Au bas est écrit : *A M. le Baron d'Aubier , à Dusseldorf.*

La seconde lettre du Roi de Prusse étant *confidentielle*, et d'ailleurs postérieure à la mort de Louis XVI et de la Reine, elle prouve encore plus que la précédente, ses sentimens pour tous les Bourbons et la légitimité.

Ce monarque avait exprimé les mêmes sentimens à M. d'Aubier dès le 21 août 1792, lorsque celui-ci fut lui rendre compte au camp sous Longwi, des événemens du 10 août, lui peindre la situation de Louis XVI, et l'urgence d'arriver pour le délivrer, ainsi il avait fait le même rapport la veille à Mgr. le Comte d'Artois, parce que Monsieur, aujourd'hui le Roi, se trouvait absent.

Le Roi de Prusse les lui a très-souvent depuis de plus en plus développés en petit comité , où il lui faisait l'honneur de l'appeler très-fréquemment et de le faire dîner ou souper avec lui, daignant lui révéler comment son désir de se livrer entièrement à tous ses sentimens pour les Bourbons étaient contrariés par la situation de son pays sous d'autres rapports politiques extérieurs et intérieurs.

Plusieurs personnes sollicitaient depuis long-temps M. d'Aubier de publier ces lettres comme appartenant à l'Histoire : il a cédé, parce qu'elles ne peuvent nuire à personne ;

Il a refusé de livrer à l'impression les nombreux documens que la confiance dont il a été honoré lui a permis de recueillir sur les principaux événemens, sur leurs particularités secrètes, sur le caractère et le rôle des acteurs dans les manœuvres des divers partis de l'intérieur avant le 10 août, et depuis près des Cours étrangères.

Pour être exact, il aurait fallu arracher leur voile à tant de gens qui ont été plus ou moins masqués, parfois, à deux visages, à deux mains ; blesser au vif une multitude d'amours-propres de tous étages, de gens qui n'accusent si fort Louis XVI de faiblesse, que pour cacher l'excès de la leur dans des crises où Louis XVI ne pouvait être fort avec succès qu'autant que tous ceux qui l'entouraient alors, auraient été *forts* et très-prononcés; qu'autant que tous auraient été prêts à obéir, au lieu de vouloir tous gouverner.

Plusieurs sont sincèrement repentans; d'autres ne jouent la comédie du repentir, que parce que ce genre de rôle est utile aux acteurs; mais cette comédie n'étant pas tout à fait inutile à la bonne cause, il ne faut en dégoûter personne, et respecter le désir du gouvernement, qui veut faciliter aux amours-propres le retour, le rapprochement.

Il y aura encore long-temps des motifs de différer la publication de ces documens, et M. d'Aubier est bien vieux; mais ses Enfans les trouveront après sa mort, et tout ne sera pas perdu pour l'Histoire.

Nota. En 1810, M. d'Aubier a été forcé, par le ministre de la police, de représenter au parquet de la Cour spéciale criminelle, les originaux des cinq lettres ci-dessus; ils sont déposés chez M⁰. Huart de la Marre, notaire à Paris.

De l'Imprimerie de Madame veuve PORTHMANN , rue Ste.-Anne , n⁰. 43 , vis-à-vis la rue Villedot.